EXTRAIT
DU JOURNAL
DES AMIS DE LA CONSTITUTION.
Nº. XXXIII.

DE LA MONARCHIE
ET
DU RÉPUBLICANISME.

A PARIS,
DE L'IMPRIMERIE NATIONALE.
1791.

DE LA MONARCHIE
& du républicanisme.

Il est temps que les patriotes, oubliant toutes diffentions, se rallient pour leur sûreté commune; & qu'au-lieu de combattre entre eux sur la manière d'être libres, ils réuniffent leurs efforts pour maintenir la liberté. Il est donc utile de chercher à rapprocher les opinions de tous ceux qui voulant le bien, ne font divifés que fur les moyens d'y parvenir. M. Briffot paroît avoir le premier fenti cette vérité; & je crois que c'eft dans cet efprit, qu'il vient de publier dans les N.ºˢ 696 & 697 du PATRIOTE FRANÇOIS, *fa profession de foi fur la monarchie & fur le républicanifme.* Je l'ai lue avec les mêmes fentimens; & prefque toujours d'accord avec lui fur les principes qu'il profeffe, mes conclufions font cependant à-peu-près directement contraires. M. Briffot finit par dire : « En un mot, *Point de roi, ou un roi avec un* » *confeil électif & amovible.* Telle eft, en » deux mots, ma profeffion de foi ». Et moi je veux un roi, un roi héréditaire & inviolable; & quant au confeil électif & amovible, quoique je veuille auffi l'élection & l'amovibilité des miniftres, je ne fuis cependant pas fûr de m'entendre avec M. Briffot. Dans ces circonftances, que devoit faire un ami de la vérité ? Devoit-il entreprendre une réfutation de la profeffion de foi de M. Briffot ? N'étoit-il pas à craindre, dans ce cas que l'intérêt d'auteur ne se mêlât à l'intérêt de la question, & qu'elle ne fût plutôt embrouillée, qu'éclaircie par le style polémique? J'ai cru devoir prendre une autre marche; car je déclare que pourvu qu'on s'arrête enfin au meilleur parti, à un parti tel qu'il assure notre liberté politique & civile, peu m'importe à qui en demeurera la gloire. Je vais donc tout simplement copier fidèlement ici la profession de foi de M. Brissot, sur la monarchie & le républicanisme; ensuite, je placerai la mienne sur le même objet: & le lecteur jugera. Si, comme l'avance M. Brissot, & comme j'aime à le croire, ce n'est qu'un mal-entendu qui divise les patriotes, nul n'est plus que lui en état de les rapprocher, & il aura rendu ce service de plus à la chose publique.

Profession de foi de P. Brissot sur la monarchie & le républicanisme.

Un mal-entendu divise les patriotes sur cette question importante: il faut l'éclaircir.

Mais, pour l'éclaircir, il faut écarter la passion, les injures, les préventions.

J'aime à croire que les patriotes monarchistes veulent la liberté, comme les patriotes républicains; & je crois que ceux-ci veulent le bon ordre & la paix comme les premiers. Chacun prétend trouver dans son système des *gages plus sûrs* de cette liberté, de cette paix. Qui a raison des deux? Il faut le chercher avec l'esprit de fraternité & de philosophie; il faut provoquer les discussions publiques dans les tribunes, & par écrit, & on trouvera la vérité.

Craindre l'effet de ces discussions, craindre qu'elles

n'entraînent des troubles, c'est ignorer le caractère de notre révolution, le caractère d'un homme libre, & l'effet général de la vérité.

Notre constitution est tellement enracinée dans tous les esprits, qu'hors le retour du despotisme, qui ne pourroit s'opérer que par un bouleversement général, nul changement important ne s'y fera que par les délibérations & la conviction.

On n'a donc rien à craindre des prédications du républicanisme ; ses partisans n'ont point de forces à leurs ordres ; ils n'ont que la raison, & ne veulent employer que la raison.

Croire que leurs prosélytes & le peuple peuvent se révolter en faveur de leurs opinions, c'est oublier que des hommes libres apprennent par l'usage de la liberté, & le développement de la raison, à rejeter toute idée de révolte contre la loi établie, lors même qu'elle contient des vices, parce que la constitution offre toujours des moyens paisibles pour les faire réformer.

Enfin, la vérité n'a jamais rien à redouter des discussions publiques ; elle n'a pour adversaires que des préjugés, & les préjugés ne peuvent soutenir le grand jour.

Si donc le républicanisme est une erreur, une folie, la discussion publique le prouvera ; & si ses ennemis en sont aussi convaincus qu'ils le disent, ils doivent désirer, provoquer, faciliter cette discussion publique ; ils doivent laisser aux aristocrates l'opprobre de la persécution & de la calomnie ; ils doivent sur-tout se garder, pour prévenir les esprits, d'accuser leurs adversaires de ne pas être attachés à la constitution actuelle.

Les républicains ont juré de défendre cette constitution ; & ils la défendront.

Mais ils ont juré de chercher aussi à la perfectionner ; &, tout en obéissant à ce qu'ils ont fait, ils peuvent sans crime examiner ce qu'il faudra faire un jour.

Proscrire, avant la discussion, & avec une espèce d'horreur, le mot *républicain*, & anathématiser ceux qui le prononcent, est un acte, ou de superstition, ou de fanatisme, ou d'esclavage.

En se laissant entraîner à ces proscriptions précipitées,

irréfléchies, les sociétés se déshonorent, violent la liberté de penser, arrêtent le perfectionnement de la révolution, & tendent à conserver cet esprit d'inquiétude & de mal-aise, qui résulte toujours des doutes sur des matières graves.

La discussion publique devient ici d'autant plus nécessaire, qu'en examinant les opinions respectives des patriotes sur la monarchie & sur le républicanisme, on voit qu'ils sont d'accord sur tous les points, hors un seul; &, sur ce dernier, ce n'est qu'un mal-entendu qui les sépare.

Le mot de *république*, les diverses acceptions qu'il a eues chez les anciens & chez les modernes, sont la seule cause de ce mal-entendu. Il faut donc définir ce mot, dont les fripons abusent pour effrayer les ignorans.

J'entends par république, *un gouvernement où tous les pouvoirs sont, 1°. délégués ou représentatifs; 2°. électifs dans & par le peuple, ou ses représentans; 3°. temporaires ou amovibles.*

Les États-Unis d'Amérique sont les seuls qui offrent l'image parfaite d'une pareille république: les autres États libres en ont plus ou moins approché; mais aucune des républiques anciennes n'a réuni les *trois conditions* que j'ai proposées. A Rome, tous les pouvoirs n'étoient pas délégués & électifs, puisqu'il y avoit un sénat héréditaire. Sparte avoit des rois héréditaires. C'étoit la *démocratie pure* dans Athènes, & dans beaucoup d'autres républiques de la Grèce, c'est-à-dire que le peuple délibéroit, jugeoit, décrétoit par lui-même, & non par des représentans.

Nous ne connoissons point tous les détails, tous les embranchemens & les engrenages des républiques anciennes. On ne peut donc en induire des conséquences bien exactes & bien applicables aux circonstances où nous nous trouvons, & au gouvernement que nous organisons.

Sans doute il y a eu beaucoup de désordres, de guerres dans les républiques anciennes. Mais enfin il falloit bien que leur système ne fût pas si destructif, puisqu'on voit Athènes fleurir pendant plus de quatre siècles ; Sparte exister encore bien plus long-temps ; Rome acquérir, dans l'état républicain, la plus grande force possible, & ne la perdre qu'en devenant monarchie.

La plupart des désordres de ces républiques, & de leurs guerres, peuvent être attribués à la manière de délibérer. Le peuple délibéroit sur la place. Comme la presse ne préparoit point les discussions, comme les assemblées étoient toujours très-nombreuses, comme il étoit facile à des orateurs adroits de les surprendre, les discussions devoient être très-tumultueuses, les décisions souvent erronées, ou frauduleusement & inexactement recueillies.

On obvie à tous ces inconvéniens dans le système représentatif. Les intérêts de tous sont réunis entre les mains de quelques-uns. Les discussions doivent être plus calmes, plus profondes ; les décisions moins précipitées, plus justes & mieux recueillies.

Il y a donc une différence essentielle entre les républiques représentatives, & les anciennes républiques.

Comme il est difficile d'éviter la confusion des idées quand on applique le même nom à deux choses semblables par le fond, mais différentes par les formes, il faut inventer pour les républiques représentatives, telles que celles des Etats-Unis, un mot qui spécifie leur nature & leurs différences.

Par là on préviendra les fausses idées, les fausses conséquences, les fausses applications des faits passés ; & on s'entendra enfin.

Il me semble qu'on remplit cet effet en appelant le le système moderne, *système représentatif*, ou *gouvernement représentatif*, ou *constitution représentative*, ou même, si les partisans de la monarchie l'aiment mieux, appellons notre gouvernement, *monarchie représentative*.

L'épithète de représentative donne ici la différence essentielle, puisque les républiques modernes sont par essence représentatives, & que les anciennes ne l'étoient pas.

Maintenant que le terme de *république* est bien défini, il est facile de concilier tous les patriotes.

Les républicains de France ne veulent point la démocratie pure d'Athènes, la démocratie avec les deux rois de Sparte, la démocratie aristocratique de Rome. Ils ne veulent donc point ressusciter les troubles que ces démocraties entraînoient; ils ne veulent qu'un gouvernement dont la représentation soit la base essentielle : or ce gouvernement représentatif existe dans toutes les parties de la constitution françoise, hors une seule. Donc tous les patriotes sont d'accord, excepté sur un seul point.

En effet, pour suivre l'ancienne distinction des pouvoirs, on distingue trois branches dans le gouvernement : pouvoir législatif, pouvoir exécutif, pouvoir judiciaire.

Le pouvoir législatif & judiciaire sont représentatifs.

La moitié du pouvoir exécutif l'est, puisque les administrateurs de département & la plupart des percepteurs sont élus.

Quant au roi, dans le système des monarchistes il fait partie lui-même du système représentatif, puisqu'il ne possède point la couronne à titre de propriété, mais à titre de représentation, puisqu'il est élu, puisque l'hérédité n'est qu'une sorte d'élection prolongée sur toute sa famille, & faite d'un seul jet.

Cette représentation n'est qu'une fiction ; mais il est toujours vrai de dire qu'on a cru la représentation du peuple tellement la base du gouvernement françois, qu'on a voulu même faire le chef du pouvoir exécutif, représentant par fiction.

On peut donc affirmer que la constitution actuelle de France est réellement représentative, élective, amovible dans les cinq sixièmes de ses bases, & que le dernier sixième est représentatif & électif par fiction : d'où résulte que la constitution françoise est, à un sixième près, entièrement républicaine.

D'où résulte encore que ceux qui injurient les républicains, qui les accusent d'attaquer la constitution, s'injurient eux-mêmes, & attaquent eux-mêmes la constitution françoife, puifque cette conftitution eft républicaine aux cinq fixièmes, & que dans le dernier fixième elle l'eft par fiction, d'après le fyftême des monarchiftes.

De là réfulte enfin que les républicains, loin de trahir leur ferment de refpecter la conftitution, l'obfervent mieux que leurs adverfaires les patriotes monarchiftes.

J'avois donc raifon de dire que ces deux partis n'étoient divifés que pour ne s'entendre pas.

Aucun ne veut reffufciter les démocraties anciennes, & tous veulent le gouvernement repréfentatif.

Il eft facile de les rapprocher encore fur la feule difficulté qui les fépare.

Cette difficulté fe réduit à ceci : étendra-t-on *réellement* fur la royauté le fyftème repréfentatif, qui ne la frappe que fictivement ; fyftême qui eft la bafe de notre conftitution.

Les républicains difent oui, les monarchiftes difent non.

Il faut avouer que les premiers font plus dans les principes de la conftitution françoife, puifqu'ils ne veulent qu'étendre à un fixième de bafe, le principe adopté pour les cinq autres fixièmes.

Mais pour bien analyfer cette difficulté, il faut la divifer dans fes deux branches :

1°. *Doit-on étendre réellement fur la royauté le fyftême repréfentatif ; ou, en d'autres termes, doit-on abolir la royauté héréditaire ?*

2°. *Si on la conferve, ne convient-il pas au moins de l'entourer d'un confeil électif & repréfentatif ?*

Sur le premier point, je vais expofer les raifons des républicains.

Sur le fecond, je prouverai que patriotes, monarchiftes & républicains, tous font d'accord.

1°. Abolira-t-on la royauté ? 2°. Si on ne l'abolit pas, donnera-t-on au roi un confeil électif ?

Les républicains penfent, fur la première queftion, qu'on peut & qu'on doit abolir, dès-à-préfent, la royauté. On le peut, difent-ils, fans violer le décret qui conferve la monarchie, parce qu'on *peut avoir une monarchie fans un roi héréditaire.* (Idée très-ingénieufe de M. Rœderer.) On le peut encore fans violer ce décret,

De la Monarchie & du Républicanifme. A 5

parce que celui qui possédoit cette royauté, ayant forfait à sa parole, ayant protesté contre la constitution, a, par cela même, abdiqué la royauté, & nous laisse dans le même état où nous étions avant de décréter la monarchie héréditaire. — On le doit, parce que la conservation de la royauté ne peut être qu'une source de calamités & de désordres.

Les monarchistes soutiennent au contraire qu'on ne peut pas & qu'on ne doit pas abolir la royauté. On ne le peut pas, disent-ils, parce que l'Assemblée nationale a décrété la monarchie héréditaire, & a saisi par là même tous les héritiers mâles du roi. Or, le délit qui peut le faire destituer, ne doit pas frapper son successeur, où l'on violeroit les décrets.

On ne doit pas abolir la royauté, ajoutent-ils, parce qu'il en résulteroit une foule de calamités, la guerre civile, la ruine de l'empire.

C'est sur ce dernier point que s'élèvent les questions les plus importantes.

Les républicains soutiennent que la royauté doit être abolie, parce qu'un peuple sage se déshonore & provoque sa ruine, en conservant un office abandonné au hasard, & auquel le hasard peut appeler un idiot, un scélérat, comme un homme habile ou vertueux;

Parce que cet office n'étant qu'une place d'éclat & de représentation, pèse cruellement sur toute la nation, & par les dépenses qu'il entraîne, & par le luxe & la corruption dont il donne le funeste exemple;

Parce que 35,000,000 valent la peine d'être économisés par une nation qui paye en intérêts plus de 200,000,000 par an;

Parce qu'on peut avoir un excellent pouvoir exécutif sans avoir de roi, un bon centre d'unité sans roi, un mouvement très-actif sans roi;

Parce qu'enfin un roi n'est qu'un centre de corruption; & qu'étant indépendant du peuple, il tend toujours à envahir la souveraineté du peuple sans s'exposer à aucun danger, à aucune peine.

Dans la circonstance actuelle, ajoutent les républicains, la royauté est d'autant plus dangereuse; il est d'autant plus nécessaire de l'abolir, qu'en la conservant vous courez mille dangers, quelles que soient les mains auxquelles vous la confiez ; car vous exposez la nation à l'anarchie si vous rétablissez le roi actuel : personne n'obéira. Vous l'exposez a d'autres dangers si vous ne le rétablissez pas. Dans ce dernier cas, ou il faudra le renfermer, & l'on vous traitera de barbares ; ou lui donner une certaine liberté, & il fuira ; ou le bannir, & il servira de point de ralliement à tous les mécontens. Ayez un autre roi, on se battra pour relever celui qui est détrôné. Voilà donc une guerre pour deux individus, tandis que vous n'en devez plus avoir que pour la chose publique. Voilà cependant des guerres pour *la rose blanche* ou *la rose rouge*, pour les *bleus* ou les *verds* ; tandis que des hommes ne doivent se battre que comme les Américains, pour être indépendans. N'ayez plus de roi, & les mécontens ne peuvent plus s'attacher à aucun nom ; & ils deviennent odieux à toute la terre, en voulant donner un tyran à une nation qui n'en veut pas.

Dira-t-on, continuent les républicains, que cet office de roi est encore nécessaire dans la crise où nous sommes ? Mais qu'est-ce que l'unité d'un office qui, *de fait*, est suspendu depuis deux ans, & de droit, depuis quinze jours, sans que l'action de la société ait été suspendue ; d'un office qui depuis deux ans contrarie la révolution, sans que la révolution cesse d'avancer ? Quelle nécessité de conserver cet office, lorsqu'il est démontré qu'il expose, sous tous les aspects, la constitution ? Car il faut opter ici entre un roi incapable ou criminel, & un roi enfant guidé par un régent contre-révolutionnaire. Dans tous les cas, vous avez des troubles & des guerres à craindre ; guerres pour la querelle des rois rivaux, ou guerres pour le choix des régens.

Ainsi, ceux qui croient que le républicanisme entraîneroit plutôt l'anarchie que la royauté, se trompent essentiellement.

Car si le peuple élit tous ses pouvoirs, il aura confiance dans ses pouvoirs : il leur obéira avec joie ; & la circonstance actuelle en fournit la preuve. Il y a eu concert général, parce qu'il y avoit confiance générale dans les repréfentans de la nation.

Au contraire, fi on continue à faire exécuter les lois par un roi méprifé & par des miniftres choifis par ce roi, ou bien par un régent fufpect, la défiance fera générale, & la défobéiffance perpétuelle.

Tels font les principaux raifonnemens préfentés par les républicains; ils valent, ce me femble, la peine d'être difcutés. Je voudrois donc, qu'au-lieu d'ameuter les ignorans contre eux, qu'au-lieu de fe jeter dans des déclamations vagues & dans de miférables objections cent fois rebattues contre le républicanifme, on difcutât froidement chacun de ces raifonnemens, foit aux Jacobins & dans les autres fociétés patriotiques, foit dans les papiers publics. Tel eft l'objet que fe font propofé les auteurs du *Républicain*. J'en connois quelques-uns; éclairés comme ils le font, ils ne manqueront pas de jeter la plus grande lumière fur cet objet. La philofophie qui les infpire, les engagera fans doute à traiter avec fang-froid ces importantes queftions, & à faire, ce qui n'exifte nulle part, un *cours complet de républicanifme*.

Si les raifons qu'ils expofent ne paroiffent pas affez fortes à l'Affemblée nationale pour la déterminer à abolir immédiatement la royauté; fi elle croit devoir, malgré les circonftances, obferver religieufement fon décret fur la monarchie, au moins ces difcuffions pourront être utiles pour les conventions futures; elles le feront encore, pour préparer la décifion fur la feconde queftion que j'ai pofée.

Cette feconde queftion confifte à favoir fi, en confervant la royauté, foit au roi, foit à fon fils, on ne doit point les entourer d'un confeil électif & amovible. Or, dans les deux cas, il ne peut y avoir de difficulté.

Vous ne pouvez établir le roi fur le trône avec la même autorité que ci-devant, car il a perdu la confiance de la nation; il ne l'obtiendra jamais. Un parjure eft & fera éternellement un homme méprifable & fufpect.

Si donc vous voulez infpirer de la confiance dans le pouvoir exécutif, quoique remis dans fes mains, il faut environner le roi d'un confeil indépendant de lui, élu par le peuple & ses représentans, & amovible; car le peuple ne peut avoir de confiance que dans les officiers qu'il choisit, & qui, par la fréquence des réélections, reviennent à sa censure, & sont par conséquent forcés de bien se conduire. Mettre, sans ce conseil, le roi à la tête de la nation, c'est insulter cette nation, c'est outrager l'opinion publique, les principes de la raison & de la constitution; c'est semer l'anarchie & la discorde: car, qui peut obéir à un homme qu'il méprise ? Il y auroit de l'immoralité à rétablir le roi; & la nation qui l'accepteroit, se jugeroit, seroit indigne de la liberté. Mais si, pour le salut de la nation, on destitue le roi; s'il est remplacé par son fils, il est également nécessaire de lui donner un conseil électif & amovible: car l'institution d'un régent offre bien des difficultés. Quelle confiance inspirera-t-il s'il est pris dans le sein de la famille ? Et si on ne l'y prend pas, on viole un décret, on s'expose à des guerres pour des individus; tandis qu'en remplaçant le régent par un conseil électif, on éteint les querelles pour la régence, on prévient un procès de famille, on ne remet pas dans les mains d'un seul homme, indépendant & suspect, un vaste pouvoir. On le confie à des officiers vraiment responsables, parce qu'ils sont dépendans du peuple.

Il y a peu de divisions entre les patriotes sur ce second point, excepté une petite secte honteuse de faux patriotes qui voudroit par amour pour la liste civile, & par d'autres considérations aussi viles, rendre au roi, sans restriction, sa précédente autorité. Tous sont convaincus que soit que le roi soit conservé sur le trône, soit que son fils l'y remplace, il doit y avoir un conseil électif: ce conseil offre seul un garant du maintien de la constitution, & de l'accord du pouvoir exécutif avec le corps législatif. C'est ce qui a été victorieusement démontré dans plusieurs discours prononcés & applaudis aux Jacobins; discours aussi hardis que cette affiche du *Républicain*, qui a excité les murmures de l'aristocratie & des ministériels.

Les hommes attachés aux principes du républicanisme souscrivent également à la création de ce conseil. Ils y voient la possibilité de réunir & cette unité tant recherchée, & l'activité, & la concordance des pouvoirs, & cette confiance des peuples qui amène le règne de la paix & de l'ordre, lesquels, *sous un régime libre*, ne peuvent exister que par la confiance.

D'après cet exposé, on voit combien les patriotes républicains & monarchistes, sont peu opposés dans leurs opinions; combien il est facile de les accorder.

Tous sont d'accord sur les cinq sixièmes de la constitution françoise, c'est-à-dire que ces cinq sixièmes sont entièrement dans les principes du républicanisme.

Les monarchistes sont plus républicains, à cet égard, que les républicains eux-mêmes; car, à partir de leurs idées sur le *roi représentant*, il est évident que *tout* le pouvoir exécutif est, suivant eux, organisé d'une manière républicaine.

Et de ces faits résulte une conséquence importante : c'est que le passage de l'état où nous sommes à la république, sera presque insensible, ou plutôt on y est déjà sans le savoir.

Relativement à la nécessité d'assimiler au principe de la représentation le ministère, tous sont encore d'accord; tous veulent un conseil électif & amovible.

Ils ne sont divisés que sur un seul point, sur l'abolition de la royauté; mais les républicains n'attendent cette opération que du temps, des progrès de la raison, & de la discussion. Ils ne veulent point qu'on la précipite; ils la verront d'ailleurs abolie par le fait & par la raison: la prononciation de droit viendra par la force de l'opinion publique.

Si l'Assemblée nationale ne veut pas la prononcer, les républicains se soumettront à sa décision; ils attendront que cette matière soit de nouveau débattue dans la première convention qui s'assemblera.

Maintenant, osera-t-on encore accuser ces républicains de vouloir tout bouleverser, lorsqu'ils se bornent à de simples raisonnemens, & lorsqu'ils protestent de leur fidélité à la constitution telle qu'elle est décrétée ?

Esclaves des lois, par cela même qu'ils abhorrent le regne *des hommes*, les républicains connoissent & pratiquent mieux que tout autre la soumission à la loi.

Voici donc mon *credo*.

Je crois que la constitution françoise est républicaine dans les cinq sixièmes de ses élémens ; que l'abolition de la royauté en est un produit nécessaire ; que cet office ne peut subsister à côté de la déclaration des droits.

Je crois qu'en appelant notre constitution un gouvernement représentatif, on accorde les partis de républicains & de monarchistes, & qu'on éteint leurs divisions.

Je crois qu'il faut attendre des progrès de la raison & de l'éclat de l'évidence, l'abolition légale de la royauté ; & qu'en conséquence, il faut laisser le plus libre cours aux discussions sur cette matière.

Je crois sur-tout que si l'on conserve cette royauté, il faut l'environner d'un conseil électif & amovible ; & que sans cette précaution essentielle, on amène infailliblement l'anarchie & des maux incalculables.

En un mot, *point de roi*, ou *un roi avec un conseil électif & amovible*. Telle est, en deux mots, ma profession de foi.

Profession de foi de P. Choderlos sur le même objet.

Je veux une monarchie pour maintenir l'égalité entre les différens départemens ; pour que la souveraineté nationale ne se divise pas en souverainetés partielles ; pour que le plus bel empire de l'Europe ne consomme pas ses ressources, & n'épuise pas ses forces dans des discussions intéressées, nées de prétentions mesquines & locales : je veux aussi, & principalement, une monarchie, pour que le département de Paris ne devienne pas à l'égard des quatre-vingt-deux autres départemens, ce qu'étoit l'ancienne Rome à l'égard de l'empire romain.

Et quand on aura paré à ces inconvéniens, quand on aura assuré entre les départemens l'égalité politique nécessaire au bonheur de chacun, & le concours de volontés nécessaire au bonheur de tous, je voudrai encore une monarchie pour maintenir l'égalité entre les personnes ; je voudrai une monarchie pour me garantir contre les grands citoyens ; je la voudrai pour n'avoir pas à me décider un jour, & très-prochainement peut-être, entre César & Pompée ; je la voudrai pour qu'il y ait quelque chose au-dessus des grandes fortunes, quelque chose au-dessus des grands talens, quelque chose même au-dessus des grands services rendus, enfin quelque chose encore au-dessus de la réunion de tous ces avantages ; & ce quelque chose, je veux que ce soit une institution constitutionnelle ; une véritable magistrature ; l'ouvrage de la loi, créé & circonscrit par elle ; & non le produit ou de vertus dangereuses, ou de crimes heureux ; & non l'effet de l'enthousiasme ou de la crainte.

Je veux une monarchie pour éviter l'oligarchie, que je prouverois, au besoin, être le plus détestable des gouvernemens : par conséquent je ne veux pas d'une monarchie sans monarque ; & je rejette cette idée prétendue ingénieuse, dont l'unique & perfide mérite est de déguiser, sous une dénomination populaire, la tyrannique oligarchie ; & ce que je dis de la monarchie sans monarque, je l'étends à la régence sans régent, au conseil de sanction, &c. &c.

Dans l'impossibilité de prévoir jusqu'où pourroit aller l'ambition, si elle se trouvoit soutenue de la faveur populaire, je demande qu'avant tout on établisse une digue que nul effort ne puisse rompre. La nature a permis les tempêtes, mais elle a marqué le rivage ; & les flots impétueux viennent s'y briser sans pouvoir le franchir : je demande que la constitution marque aussi le rivage aux vagues ambitieuses qu'élèvent les orages politiques. Je veux donc une monarchie ; je la veux héréditaire ; je la veux garantie par l'inviolabilité absolue (1) : car je veux qu'aucune circonstance, aucune supposition ne puisse faire concevoir à un citoyen la possibilité d'usurper la royauté.

Mais quand je demande que la royauté garantisse à tous

---

(1) C'est une grande erreur ou une grande mauvaise foi, soit qu'on attaque, soit qu'on défende l'inviolabilité absolue, que de prétendre qu'elle puisse, dans aucun cas, s'étendre aux délits nationaux. Je m'engage à démontrer le contraire.

les citoyens de demeurer libres & égaux en droits, je demande en même temps, & à plus forte raison, qu'on ne donne pas au roi les moyens de détruire la liberté & l'égalité.

J'observe ici que les dernières circonstances ayant rendu à la nation l'entier exercice de ses droits, dont elle n'avoit encore ni joui ni pu jouir relativement à la royauté, il est du devoir de ses représentans de nous en faire jouir sans restriction, & de s'attacher rigoureusement aux principes. Or, je ne crois pas que personne puisse prétendre qu'il soit conforme aux principes, de fixer le degré de puissance & le salaire d'un magistrat, avant que la magistrature dont il doit être revêtu, soit formée (c'est cependant ce qui a été fait à l'égard du premier fonctionnaire public), puisque ses fonctions ne peuvent être entièrement connues qu'après l'entier achèvement de la constitution : d'où je conclus que tout décret relatif au degré de puissance & à la quotité du traitement du roi, peut & doit être regardé comme non avenu. Voici maintenant mes idées à ce sujet.

La puissance royale actuelle se divise en deux parties très-distinctes : l'une légale, & l'autre arbitraire. J'appelle *puissance légale*, celle où s'applique la responsabilité des ministres ou des autres agens du pouvoir exécutif: elle comprend tous les actes du gouvernement. J'appelle *puissance arbitraire*, celle qui tient uniquement à la volonté du roi, & qui par là même échappe à toute responsabilité. La première peut avoir sans risque, & doit avoir, en effet, toute l'étendue nécessaire à la force & à l'activité du gouvernement ; mais la seconde doit être restreinte non-seulement par la sagesse, mais même par la méfiance : qualité qui entre pour beaucoup dans la sagesse d'un peuple libre.

La puissance royale arbitraire se compose de l'argent laissé à la libre disposition du roi, & des places laissées à sa nomination.

Je demande donc qu'on revoye dans cet esprit, le décret sur la liste civile, & toutes les nominations d'emplois au choix du roi.

[18]

Sur l'énormité de la liste civile, ce n'est pas l'esprit d'économie qui me guide : je veux qu'une grande Nation traite généreusement son premier magistrat ; & je conçois qu'il faille l'entourer d'un peu de faste, jusqu'a ce qu'il puisse s'environner de quelques vertus. Je ne crains point la dépense, pourvu qu'elle soit connue ; mais quand sur trente millions il en est peut-être quinze dont je ne peux appercevoir l'emploi, alors mon imagination s'effraye, parce qu'elle flotte entre une thésaurisation dangereuse, dictée ou par l'avarice ou par l'ambition, & une prodigalité plus dangereuse, si elle avoit la corruption pour objet.

Je m'étonne encore qu'à l'époque du règne des lois, on ait livré une partie des individus de la famille royale à la discrétion des autres : je me demande pourquoi on a conservé pour la dynastie les restes impurs de la féodalité ; & comment il se fait que la liste civile, & même les apanages, n'accordent pas aux femmes au moins une pension alimentaire. Je me demande si, dans le cas où Louis XVI n'auroit plus ni ses tantes, ni ses sœurs, il auroit également besoin de 30 millions de revenu ; je me demande si, dans le cas où il ne voudroit rien donner ni à l'une ni aux autres, il faudroit ou grever la nation de nouveaux impôts pour les nourrir, ou qu'elles fussent réduites à mendier ; je me demande enfin pourquoi on ne leur a laissé de tant de priviléges injustes, que celui non moins injuste que les autres, de naître déshéritées.

Tant de considérations politiques & morales me font desirer qu'on diminue & qu'on règle différemment la liste civile & ses dépendances. Je proposerois particulièrement qu'elle fût divisée en dépenses fixes & en dépenses personnelles.

Sur l'autre élément de la puissance royale, la nomination aux emplois, je me bornerai à deux objets : la nomination des ministres & la nomination à une partie des emplois militaires.

Le premier de ces objets, la nomination des ministres, par le roi, a été suffisamment éclairci dans le temps ; & il y a lieu de croire que le décret porté à cet égard ne vient pas du défaut de lumières, mais qu'il a été l'effet des circonstances. Les circonstances ont changé, nous avons lieu d'espérer que le décret ne tardera pas à changer comme elles : nous donnerons incessamment le mode d'élection des ministres & les moyens d'assurer au roi constitutionnel, au milieu des ministres élus, toute l'autorité & l'activité nécessaire à ses fonctions royales, pour ne pas faire du monarque une simple superfétation politique.

Quant à la nomination aux emplois militaires, il y a lieu de croire qu'il y a eu défaut de lumières ou de réflexion ; car ce décret rétablit, ou au moins donne une merveilleuse facilité au rétablissement d'une caste particulière & dangereuse : je veux dire la noblesse militaire.

Le décret laisse à la nomination du roi, & sous la seule condition d'avoir servi deux ans dans le grade inférieur, le quart des emplois de lieutenans-colonels & colonels, le tiers de ceux de maréchaux-de-camp, la moitié de ceux de lieutenans-généraux, & la totalité des maréchaux-de-france.

On entrera au service à dix-huit ans ; on deviendra capitaine, environ à trente ans ; & c'est ici que commence la séparation. Celui qui fera son chemin par le choix du roi, sera lieutenant-colonel à trente-deux ans, colonel à trente-quatre, maréchal-de-camp à trente-six, & lieutenant-général à trente-huit ans. Nous ne parlerons pas des maréchaux-de-france, parce que nous pensons que ce grade ne devroit pas exister. L'officier qui suivra son ancienneté, deviendra lieutenant-colonel vers la cinquantième année ; & pourroit, dans l'ordre ordinaire des choses, être colonel à cinquante-six ans : mais déja l'ordre ordinaire est troublé ; déja, comme lieutenant-colonel, il a trouvé avant lui un nombre de compétiteurs âgés de trente-deux ans, ce qui retardera son avancement de quelques années ; & s'il parvient enfin au grade de colonel, il y trouvera un plus grand nombre de ses collègues âgés de trente-quatre ans.

Qu'on veuille bien à présent ouvrir une table des chances de la vie, & l'on se convaincra qu'il est fort douteux que cet officier puisse jamais devenir maréchal-de-camp, & impossible qu'il parvienne au grade de lieutenant-général.

D'où il suit que si le roi veut avoir le soin de concentrer ses choix dans un nombre de familles qu'il désignera, celles-ci se trouveront, en assez peu d'années, posséder presque entièrement tous les emplois militaires supérieurs, fournir seules les officiers-généraux, & avoir conséquemment entre leurs mains l'entière disposition de l'armée de ligne; système que je crois incompatible avec la liberté & l'égalité.

Mais ces inconvéniens ne sont point inhérens à la monarchie, & la preuve est qu'ils existent dans quelques républiques. Chez nous, ils se trouvent dans la constitution; mais ils n'en dérivent pas : ils doivent leur naissance à ces vaines illusions qui naguères environnoient encore la personne du monarque ; & jamais, je l'avoue, la monarchie ne m'a paru meilleure à conserver que depuis que ces illusions sont détruites.

Si notre constitution, purgée de ces abus que l'Assemblée nationale a, dans ce moment, le droit & la puissance, & par conséquent le devoir de détruire; si, dis-je, notre constitution, purgée de ce petit nombre d'abus, ne nous maintient pas libres & égaux, il faut bien que je l'avoue, je ne sais ce que c'est que la liberté & l'égalité.

Si les partisans du républicanisme parviennent aussi facilement à nous garantir des dangers contre lesquels je réclame l'établissement de la monarchie, alors je cesse toute discussion : la question est décidément oiseuse, & ne mérite pas de nous occuper.

www.ingramcontent.com/pod-product-compliance
Lightning Source LLC
Chambersburg PA
CBHW061522040426
42450CB00008B/1743